Un livre de Dorling Kindersley

Texte de Christopher Maynard
Sous la direction de Jane Donnelly
Texte français de Jocelyne Henri
Directrice artistique Jane Horne
Directrice de la rédaction Mary Ling
Production Ruth Cobb
Consultante Theresa Greenaway
Recherche photographique Tom Worsley

Photographies supplémentaires David Murray, Stephen Shott,
David Johnson, Peter Chadwick, Dave King, Stephen Oliver,
Ian O'Leary, Tim Ridley, Geoff Dann, Andy Crawford, Philip
Dowell, Peter Anderson, Jane Burton, Mike Dunning

Édition originale publiée en Angleterre en 1997,
par Dorling Kindersley Limited, 9 Henrietta Street, London WC2E 8PS.

Exclusivité en Amérique du Nord : Les éditions Scholastic,
175, Hillmount Road, Markham (Ontario) L6C 1Z7,
avec la permission de Dorling Kindersley Limited.
ISBN : 0439-00425-X
Titre original : WHY are pineapples prickly?
Reproduction couleur Chromagraphics, Singapour
4321 Imprimé en Italie par L.E.G.O. 89/901234/0
L'éditeur tient à remercier aussi les personnes suivantes
pour lui avoir permis d'utiliser leurs photos :

h haut, b bas, g gauche, d droit, c centre,
DC dos de la couverture, C couverture

The Anthony Blake Photo Library : 7cd, 7cdb, 5cb, 6hg; Cephas Picture
Library :7cg; Tony Stone Images : Paul Chesley DC c, 10-11c,
Peter Correz 18-19c Nick Gunderson 21bd, David Olsen 16-17c, C,
Joel Papavoine pages de garde, Christel Rosenfeld 8-9c, Andy Sacks
12-13c, 15bd, Don Smetzer 13-15c, Joe Solem Cc, Denis Waugh 11 bd,
Zane Williams 16bg; Zefa Pictures : 6bg

Questions

POURQUOI

les ananas sont piquants?

et autres questions
sur la nourriture

Les éditions Scholastic

Pourquoi la gélatine

Un dessert à la gélatine est composé de jus de fruit, de protéines et d'eau chaude qui se lient et se solidifient en refroidissant. La gélatine tremble parce que les liaisons sont faibles.

Pourquoi la crème glacée fond?

La crème glacée est faite d'un mélange congelé d'oeufs, de sucre, de crème et de saveurs.

tremble?

Pourquoi il y a des bulles dans les boissons?

On a ajouté des bulles de gaz carbonique aux boissons pour les rendre pétillantes. Quand tu ouvres la bouteille, les bulles commencent à s'échapper.

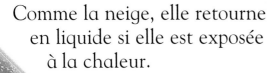

Comme la neige, elle retourne en liquide si elle est exposée à la chaleur.

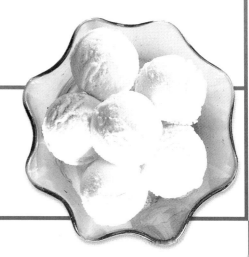

Les sucreries contiennent beaucoup de sucre. Dès qu'elles touchent les papilles gustatives sur ta langue, des messages sont envoyés à ton cerveau, qui reconnaît la saveur.

Pourquoi les piments sont forts?

Même s'ils ne sont pas chauds au toucher, tu sentiras une brûlure dans ta bouche si tu en croques un.

sont sucrés?

Pourquoi les citrons sont sûrs?

Les agrumes, comme les citrons, les limes, les pamplemousses et les oranges, contiennent tous une petite quantité d'acide citrique dans leurs jus. L'acide citrique a un goût sûr.

Pourquoi les croustilles me donnent soif?

Le sel absorbe l'eau. Si tu manges des croustilles salées, ta bouche dit à ton cerveau que tu as soif.

Pourquoi le riz pousse

Le riz est une plante qui a besoin de chaleur et de beaucoup d'eau pour pousser. On le plante dans des champs inondés pour assurer aux plantes toute l'humidité nécessaire pour produire les grains de riz. On draine les champs avant la récolte.

Pourquoi les pois se cachent dans des cosses?

Les pois sont les graines de la plante. Ils poussent dans des cosses, comme les haricots. On mange les graines et les

sous l'eau?

Pourquoi le thé est brun?

On fait du thé en faisant tremper les feuilles de la plante dans l'eau bouillante. Les feuilles contiennent des substances chimiques, les tannins, qui se dissolvent dans l'eau. On se sert des tannins pour faire des teintures et, dans le cas du thé, ils colorent l'eau en brun.

cosses des haricots, mais on mange les pois sans leurs cosses parce qu'elles sont épaisses et dures.

Pourquoi les pommes

Les coeurs renferment les pépins, qui sont les graines du pommier. Les animaux et les oiseaux mangent les pommes juteuses et rejettent les pépins dans leurs fientes.

Pourquoi les pommes de terre sont sales?

Les pommes de terre sont les parties arrondies, ou

ont des coeurs?

Pourquoi les pêches ont un noyau?

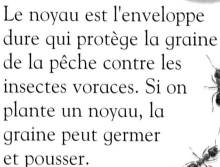

Le noyau est l'enveloppe dure qui protège la graine de la pêche contre les insectes voraces. Si on plante un noyau, la graine peut germer et pousser.

tubercules, des tiges souterraines de la plante. Elles lui servent de réserve nutritive. On les déterre, on les lave, puis on les cuit.

Pourquoi les fruits son[t

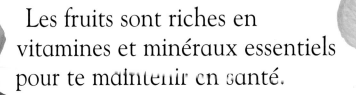

Les fruits sont riches en vitamines et minéraux essentiels pour te maintenir en santé.

Pourquoi les fruits changent de couleur?

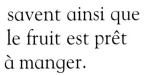

Quand les graines mûrissent à l'intérieur, le fruit change de couleur. Les animaux savent ainsi que le fruit est prêt à manger.

bons pour moi?

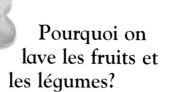

Ils contiennent aussi
beaucoup de fibres
qui aident à la digestion.

Pourquoi on lave les fruits et les légumes?

Ils ont été arrosés de produits
chimiques pour éloigner les
insectes. On les lave pour
éliminer les produits
chimiques et on
pèle ceux dont
la peau est trop
dure à manger.

Pourquoi les ananas

Les feuilles de l'ananas sont piquantes pour protéger l'ananas des animaux pendant sa croissance.

Pourquoi les fermiers inondent les champs de canneberges?

Ils inondent les champs pour récolter les baies.

sont piquants?

**Pourquoi
les raisins secs
sont ridés?**

Ce sont des raisins
séchés. En perdant de l'eau,
ils flétrissent et rapetissent et
la peau se ride
et brunit.

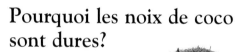

Ils secouent d'abord la plante
pour détacher le fruit, qui flotte
à la surface, prêt à être récolté.

**Pourquoi les noix de coco
sont dures?**

C'est grâce à la
coque dure et
rugueuse de la
noix de coco
que le lait et la
chair sont protégés
de la sécheresse.

Pourquoi certaines personnes

Les adultes mangent plus que les enfants parce que leur corps plus gros a besoin de plus d'énergie. Les athlètes mangent beaucoup parce qu'ils dépensent une grande quantité d'énergie lorsqu'ils s'entraînent.

Pourquoi les oignons font pleurer?
En coupant un oignon, on pleure parce que les yeux sont irrités.

mangent plus que d'autres?

Pourquoi les carottes sont bonnes pour les yeux?

La vitamine A contenue dans les carottes aide à garder la peau, les cheveux et les yeux en bonne santé.

Les larmes servent à laver les yeux pour les débarrasser des agents irritants.

Pourquoi il n'y a pas de

Les oeufs que tu manges n'ont pas été fertilisés par un coq. Un oeuf fertilisé doit être gardé

Pourquoi on l'appelle hamburger?

Le nom vient de Hambourg, ville d'Allemagne où le hamburger a été inventé.

poussins dans les oeufs que je mange?

au chaud pour permettre la croissance et l'éclosion du poussin.

Pourquoi il ne pousse pas d'arbres fruitiers dans mon corps?

Il peut t'arriver d'avaler la graine d'un fruit. Elle sera évacuée tout rond par ton organisme ou décomposée durant ta digestion.